# Sopa de letras
## Para Ninos 6-10 anos

### Animales 50 Juegos

Encuentra todas las palabras de la lista en la cuadrícula. Están dispuestas vertical y horizontalmente (no en diagonal ni invertidas).

Hay 12 palabras por cuadrícula. Todos ellos están relacionados con el mundo animal. Así se divertirá mientras aprende palabras.

Si no conoces una palabra, búscala en un diccionario o en Internet o pregunta a tus padres.

Diviértete !

| | | | | | | | | | | |
|---|---|---|---|---|---|---|---|---|---|---|
| P | L | D | Z | S | M | L | B | K | G |
| E | B | O | A | F | B | E | I | R | A |
| R | Ú | O | W | Y | F | R | P | G | C |
| I | F | R | E | S | A | X | D | K | E |
| C | A | U | D | A | L | H | O | S | L |
| O | L | V | C | B | P | U | L | G | A |
| C | O | N | Í | F | E | R | A | S | S |
| V | F | B | M | U | F | Ó | S | I | L |
| S | W | S | A | B | A | N | A | Q | W |
| N | U | E | R | Y | P | X | O | H | L |

BEIRA      BOA      BÚFALO

CAUDAL      CONÍFERAS      FÓSIL

FRESA      GACELAS      HURÓN

PERICO      PULGA      SABANA

¡Es tan sencillo!

```
P  L  D  Z  S  M  L  B  K  G
E  B  O  A  F  B  E  I  R  A
R  Ú  O  W  Y  F  R  P  G  C
I  F  R  E  S  A  X  D  K  E
C  A  U  D  A  L  H  O  S  L
O  L  V  C  B  P  U  L  G  A
C  O  N  Í  F  E  R  A  S  S
V  F  B  M  U  F  Ó  S  I  L
S  W  S  A  B  A  N  A  Q  W
N  U  E  R  Y  P  X  O  H  L
```

| BEIRA | BOA | BÚFALO |
|---|---|---|
| CAUDAL | CONÍFERAS | FÓSIL |
| FRESA | GACELAS | HURÓN |
| PERICO | PULGA | SABANA |

Puzzle #2

N A B E J A R U C O
Z C E H A L U X O R
C E N G G B I E C C
H N G H U A S R O A
O T A J A T E C D Z
K O L R R R Ñ R R E
N R Í A M O O E I W
Z Q S Y S S R S L X
F S L A G A R T O L
X C A S T O R A O U

ABEJARUCO        ACENTOR        ALBATROS
BENGALÍ          CASTOR         COCODRILO
CRESTA           JAGUAR         LAGARTO
ORCA             RAYAS          RUISEÑOR

```
M M V D L Y J F X P
M M A C F W U W I E
A U N G L O B O S R
R N F C É V I P L R
I D I O M A R X H O
P O B H U R O N E S
O Q I T R O P A N Z
S C O B A Y A D O J
A R M A D I L L O T
E I Q X P G H W G G
```

| ANFIBIO | ARMADILLO | COBAYA |
|---|---|---|
| HENO | HURONES | IDIOMA |
| LÉMUR | LOBOS | MARIPOSA |
| MUNDO | PERROS | TROPA |

```
S  Y  P  K  H  W  M  C  L  L
C  A  I  G  E  B  F  O  Y  J
W  O  N  A  R  V  A  L  C  T
M  C  G  L  B  G  R  O  A  O
K  H  Ü  L  Í  F  B  N  L  R
N  X  I  O  V  R  Ó  I  A  M
O  N  N  O  O  U  R  A  M  E
P  R  O  Q  R  T  E  J  Ó  N
Á  C  A  R  O  A  O  V  N  T
C  V  N  O  S  A  A  G  U  A
```

| ÁCARO | AGUA | ARBÓREO |
|---|---|---|
| CALAMÓN | COLONIA | FRUTA |
| GALLO | HERBÍVOROS | NARVAL |
| PINGÜINO | TEJÓN | TORMENTA |

```
C  P  Z  F  R  U  T  A  S  G
Y  H  T  G  Í  N  E  T  I  F
A  G  U  Z  O  G  R  U  P  O
R  F  R  P  B  G  R  C  E  O
T  T  Q  U  K  R  I  Á  L  P
I  G  U  A  N  A  E  N  I  B
R  W  Í  V  V  N  R  A  C  W
S  N  A  M  E  D  U  S  A  E
R  N  S  P  V  E  Q  N  N  X
M  P  C  U  E  R  V  O  O  N
```

| | | |
|---|---|---|
| ASNO | CUERVO | FRUTAS |
| GRANDE | GRUPO | IGUANA |
| MEDUSA | PELICANO | RÍO |
| TERRIER | TUCÁN | TURQUÍA |

Puzzle #6

```
K V X G Q G P G H C
V A R A N O L I Z G
U M E L E N A G A I
U O X L W M N K B Q
R S H O P R E S A I
A C L S Y N T K L G
P A N D A M A R O X
T I G R E S A S N B
O S O L S W I F E S
R X V J P N Q D N A
```

| | | |
|---|---|---|
| ABALONE | GALLOS | MAR |
| MELENA | MOSCA | OSO |
| PANDA | PLANETA | PRESA |
| RAPTOR | TIGRESA | VARANO |

F C W A O W E T A L
V O K P J F C W B G
W Q P R O T O Z O A
T L I E R O L N S L
L F N D G P Ó S Q E
Q A Z A Á O G Y U T
I E Ó T N W I F E A
V T N O I U C N O F
N Ó K R C R O C A P
A N F I O X O H C K

ALETA     ANFIOXO     BOSQUE
ECOLÓGICO     FAETÓN     ORGÁNICO
PINZÓN     PREDATOR     PROTOZOA
ROCA     TOPO     WETA

| V | Í | B | O | R | A | Z | H | R | X |
|---|---|---|---|---|---|---|---|---|---|
| T | E | S | C | U | E | R | Z | O | C |
| D | I | G | E | S | T | I | Ó | N | C |
| H | C | A | L | M | E | J | A | L | V |
| L | O | T | O | R | T | U | G | A | S |
| M | T | W | T | G | U | W | M | R | B |
| Z | E | B | E | S | U | G | O | V | Ú |
| S | A | W | J | I | R | A | F | A | H |
| M | H | V | E | N | E | N | O | S | O |
| T | M | J | N | K | A | I | E | H | S |

| ALMEJA | BESUGO | BÚHOS |
|---|---|---|
| DIGESTIÓN | ESCUERZO | ICOTEA |
| JIRAFA | LARVAS | OCELOTE |
| TORTUGAS | VENENOSO | VÍBORA |

X U A D A P T A D O
L B I I G E N O M A
P E O E Q Q O C Á B
T L V N S U C O G E
C P A T A E A Y U J
R I R E C Ñ V I I A
T C A S Z O E F L I
W O Ñ Q L A R P A Q
Z H A L C O N E S I
L E C H U Z A T F I

ABEJA · ADAPTADO · ÁGUILAS
ARAÑA · CAVERNA · DIENTE
GENOMA · HALCONES · LECHUZA
PATA · PEQUEÑO · PICO

W K O J W O E C B Z
N G P J C D R O U G
X W L E C H Ó N D O
G A A R R L O B O V
V R N B I Q V I D E
R T T O C P E S O J
W H A J K S B B S A
U O C I E M P I É S
B G L O T Ó N T W J
M A N G O S T A H S

BISBITA     CIEMPIÉS     CRICKET
GLOTÓN     JERBO     LECHÓN
LOBO     MANGOSTA     OVEJAS
PESO     PLANTA     WARTHOG

```
N P R I M A V E R A R A
M P I E L E S H N V
E L W J L I E B R E
Z E L E F A N T E F
W Ó A C E S T A C R
T N P U L P O T K Í
K D G T E R N E R A
M A R A B U N T A L
N U T R I E N T E S
W J A X H I Y M Q N
```

AVEFRÍA     CESTA     EJECUTAR

ELEFANTE     LEÓN     LIEBRE

MARABUNTA     NUTRIENTES     PIELES

PRIMAVERA     PULPO     TERNERA

```
I  J  N  X  K  S  F  G  J  J
I  C  A  N  A  R  I  O  Y  W
Z  A  P  E  B  G  N  Y  M  J
A  B  E  J  O  R  R  O  J  T
R  R  S  O  Q  A  J  Y  X  C
D  A  C  V  U  N  P  E  V  D
I  S  A  E  I  J  O  G  O  G
L  A  D  N  L  A  L  U  E  Q
L  H  O  F  L  B  L  A  G  K
A  B  S  P  A  T  O  S  R  E
```

| ABEJORRO | ARDILLA | BOQUILLA |
|----------|---------|----------|
| CABRAS | CANARIO | FIN |
| GRANJA | JOVEN | PATOS |
| PESCADOS | POLLO | YEGUAS |

```
I M L X X U M S F N
H J Á K A N C H O A
Q R N M V M C F T G
D C A B E L L O M A
Y E D Z S S M C O T
N R E O V E J A K I
E E R O B A N S M T
O B E A C U A R I O
B R A R D I L L A S
O O L A G O D N T Z
```

ACUARIO ÁNADEREAL ANCHOA
ARDILLAS AVES CABELLO
CEREBRO FOCAS GATITOS
LAGO OVEJA ROBA

```
H  L  I  M  R  E  W  S  P  M
N  M  I  L  P  I  É  S  L  Z
C  P  A  Í  S  S  Y  S  Á  F
K  D  G  P  A  Q  U  E  T  E
S  D  A  I  T  X  R  M  A  L
O  G  M  D  Ú  J  G  E  N  I
V  A  I  O  N  W  W  N  O  N
J  L  D  S  V  N  B  T  J  O
J  G  O  I  B  O  C  A  K  U
C  O  C  H  I  N  I  L  L  A
```

| AGAMIDO | ATÚN | BOCA |
|---|---|---|
| COCHINILLA | FELINO | GALGO |
| LÍPIDOS | MILPIÉS | PAÍS |
| PAQUETE | PLÁTANO | SEMENTAL |

# Puzzle #15

```
Y S B L E G U S T A
P T V Z E C E E A L
I Y P A E U C R N F
E A U N Q E Q P A L
B M L T E R M I T A
T E M E P N W E O M
Z P O N C O T N M E
I H N A D A R T Í N
N C E R D O R E A C
P I S C I S O Í D O
```

ANATOMÍA     ANTENA     CERDO
CUERNO     FLAMENCO     LEGUSTA
NADAR     OÍDO     PISCIS
PULMONES     SERPIENTE     TERMITA

```
I O G E N É T I C A
S J R Q É Y B W A H
Q W C U C Y B R C Á
Z U O I T W D E H M
Q J L D A T O P O S
J E I N R W C T R T
G F B A U M É I R E
P E R R E R A L O R
D D Í G F J N E K M
C A B A L L O S J Z
```

CABALLO     CACHORRO     COLIBRÍ

EQUIDNA     GENÉTICA     HÁMSTER

JEFE     NÉCTAR     OCÉANO

PERRERA     REPTILES     TOPOS

| M | R | T | E | Y | U | G | D | P | J |
|---|---|---|---|---|---|---|---|---|---|
| X | R | C | P | G | A | Z | T | Á | N |
| L | L | O | R | O | P | I | O | J | O |
| D | E | L | F | I | N | E | S | A | C |
| R | O | O | B | O | N | G | O | R | T |
| S | P | M | M | O | H | O | P | O | U |
| T | A | B | Z | L | U | T | A | W | R |
| P | R | R | P | F | E | A | N | B | N |
| Z | D | I | L | E | V | L | D | N | O |
| W | O | Z | T | F | O | C | A | M | B |

| | | |
|---|---|---|
| BONGO | DELFINES | FOCA |
| GOTA | HUEVO | LEOPARDO |
| LOMBRIZ | LORO | NOCTURNO |
| OSOPANDA | PÁJARO | PIOJO |

Puzzle #18

```
M U R C I É L A G O
E V O M A R M O T A
J V R I C S P S P I
I V C E T Á C E O S
L R U L W Y H H I W
L O A I C R E C E T
Ó M L O T G E C K O
N P R I M A T E S Z
I B U R O G A L L O
X J P V I I H G D O
```

CETÁCEOS     CHEETAH     CRECE
GECKO     MARMOTA     MEJILLÓN
MIEL     MURCIÉLAGO     PRIMATES
RORCUAL     UROGALLO     ZOO

Puzzle #19

```
J  X  J  K  N  Y  R  X  A  J
G  T  H  C  N  L  B  G  U  J
U  M  O  N  T  A  Ñ  A  H  D
L  O  J  T  W  B  L  Y  O  O
J  N  A  U  A  O  E  C  R  R
H  T  P  N  P  C  O  O  M  S
R  A  U  D  I  E  N  C  I  A
H  Ñ  M  R  T  L  E  O  G  L
D  A  A  A  Í  O  S  O  A  L
X  S  Q  V  U  T  H  N  A  W
```

| | | |
|---|---|---|
| AUDIENCIA | COCOON | DORSAL |
| HOJA | HORMIGA | LEONES |
| MONTAÑA | MONTAÑAS | OCELOT |
| PUMA | TUNDRA | WAPITÍ |

| | | | | | | | | | |
|---|---|---|---|---|---|---|---|---|---|
| D | T | K | J | H | G | P | B | D | T |
| D | S | F | D | V | A | S | H | B | G |
| C | N | M | U | D | V | H | T | K | Y |
| A | B | A | J | O | N | I | E | V | E |
| R | A | S | E | D | R | E | N | O | P |
| A | B | T | X | O | T | N | G | D | J |
| C | O | U | P | Á | J | A | R | O | S |
| O | S | C | A | N | G | R | E | J | O |
| L | A | I | V | I | V | I | R | B | G |
| J | Y | A | O | Y | R | R | E | G | L |

ABAJO     ASTUCIA     BABOSA

CANGREJO     CARACOL     DODO

HIENA     NIEVE     PÁJAROS

PAVO     RENO     VIVIR

Puzzle #21

```
D  X  B  H  M  H  K  T  O  C
P  G  Y  L  I  N  C  E  R  Q
T  R  U  C  H  A  E  V  I  C
L  E  V  A  D  U  R  A  G  C
V  I  C  U  Ñ  A  A  C  E  K
U  N  X  K  A  G  U  A  N  G
C  A  R  N  Í  V  O  R  O  S
M  D  L  A  H  F  G  A  S  J
C  O  R  A  Z  Ó  N  Y  O  J
C  I  U  S  C  P  B  Q  S  G
```

| CARNÍVOROS | CERA | CORAZÓN |
| KAGUANG | LEVADURA | LINCE |
| ORIGEN | OSOS | REINADO |
| TRUCHA | VACA | VICUÑA |

Puzzle #22

```
G  P  D  E  U  K  M  D  W  C
B  Y  I  P  B  G  C  L  Y  H
C  O  M  A  A  O  S  L  V  R
S  P  Á  N  C  R  E  A  S  Y
C  I  G  T  A  R  W  M  E  S
L  R  U  A  L  I  L  A  R  A
I  A  I  N  A  O  A  P  I  L
C  Ñ  L  O  O  N  B  D  Z  I
L  A  A  C  I  E  R  V  O  S
O  V  L  O  Y  S  O  C  S  L
```

| | | |
|---|---|---|
| ÁGUILA | BACALAO | CHRYSALIS |
| CIERVOS | COMA | ERIZOS |
| GORRIONES | LABRO | LLAMA |
| PÁNCREAS | PANTANO | PIRAÑA |

```
Y  M  E  W  Ñ  H  J  J  O  M
M  O  S  Q  U  I  T  O  M  G
A  R  T  C  Z  E  Z  I  R  P
P  D  A  G  A  L  L  I  N  A
A  I  N  K  V  O  U  C  I  P
C  D  Q  C  E  L  D  A  C  A
H  A  U  B  T  M  P  I  H  G
E  Z  E  V  O  O  L  M  O  A
T  M  U  S  R  L  F  Á  M  Y
C  K  J  P  O  M  K  N  K  O
```

| AVETORO | CAIMÁN | CELDA |
|---------|--------|-------|
| ESTANQUE | GALLINA | HIELO |
| MAPACHE | MORDIDA | MOSQUITO |
| NICHO | ÑU | PAPAGAYO |

```
M O L U S C O S O O R
R C M P E R C A P T
P A E R N U C L E C
G D D K A S M V L Q
P P I V T T U T Í P
I O A C U Á T I C O
Z B T R R C E G A L
X Y L Í A E N R N A
L A N A L O I E O R
B K T A Z S A S P D
```

| ACUÁTICO | CRÍA | CRUSTÁCEOS |
|---|---|---|
| LANA | MEDIA | MOLUSCOS |
| NATURAL | PELÍCANO | PERCA |
| POLAR | TENIA | TIGRES |

```
X C O M A D R E J A
R A T Ó N P O L C R
K C Q Q O E Z L U P
S A Q P F G V K E H
E T C R I A D O R Y
M Ú S C U L O A V V
B A B R G T E L O K
R E B E C O O A S R
A L P A C A J S I D
R E I N O L H O G E
```

| | | |
|---|---|---|
| ALPACA | CACATÚA | COMADREJA |
| CRIADOR | CUERVOS | DOE |
| KOALA | MÚSCULO | RATÓN |
| REBECO | REINO | SEMBRAR |

M A N D Í B U L A J
A O B E X Ó T I C O
N H O L G F H K P C
D I V E R S I D A D
R E I F G E E W N K
I N N A N P R L T N
L A O N A I B F E A
B S Q T E A A T R Z
C I C E R D O S A T
Y I N S E C T O S I

BOVINO  CERDOS  DIVERSIDAD
ELEFANTES  EXÓTICO  HIENAS
HIERBA  INSECTOS  MANDÍBULA
MANDRIL  PANTERA  SEPIA

```
N E V U B H F O S R
M B Í P E D O S S I
Q A E I B E B É U Q
V B C G E S Ú D R X
H U E M R I H A I U
F I S E R E O P C M
I N T N E R A Y A D
R O E T N T U S T L
N D P O D O F X A G
C S A P O J O S E B
```

BABUINO          BEBÉ          BERRENDO
BÍPEDOS          BÚHO          DESIERTO
ESTEPA           OJOS          PIGMENTO
RAYA             SAPO          SURICATA

| L | A | M | A | S | K | U | I | P | V |
|---|---|---|---|---|---|---|---|---|---|
| R | H | O | C | I | C | O | Z | E | C |
| O | J | V | C | G | Z | J | Q | L | A |
| E | R | I | Z | O | D | E | M | A | R |
| D | P | M | A | N | A | T | Í | J | R |
| O | C | I | G | Ü | E | Ñ | A | E | E |
| R | P | E | R | I | P | A | T | O | R |
| C | O | N | E | J | O | S | D | K | A |
| C | L | T | F | T | Z | G | J | V | Y |
| E | C | O | S | I | S | T | E | M | A |

CARRERA     CIGÜEÑA     CONEJOS

ECOSISTEMA     ERIZODEMAR     HOCICO

LAMAS     MANATÍ     MOVIMIENTO

PELAJE     PERIPATO     ROEDOR

G A M U Z A P M U H
X N F V U Y E G U A
U F S T I C Z I N L
C I Q P E L A G I C
E B X V N Q Z P D Ó
B I O T O P O D O N
R O V E R É M O R A
A S B W M D Q V L F
B E R M E J U E L A
M Y L J Y M X I I V

ANFIBIOS     BERMEJUELA     BIOTOPO

CEBRA     ENORME     GAMUZA

HALCÓN     NIDO     PELAGIC

PEZ     RÉMORA     YEGUA

Puzzle #30

M T B G L O P O N Y
A G R I C U L T O R R
R K A X O O U U F Q
I U P O J M M R J P
P B L N A R A N J A
O D U R B E L U G A
S I M P A L A Q J E
A N A A L O N D R A
S G J Z Í Z E R K T
L O E J E J E C U T E X

AGRICULTOR     ALONDRA     BELUGA
DINGO     EJECUTE     IMPALA
JABALÍ     MARIPOSAS     NARANJA
PLUMA     PLUMAJE     PONY

Puzzle #31

Z O R R O S S O U G
B Y K B K E E F O U
Q B H L A T L G C J
B G N C P H V A U C
W S O L I T A R I O
U M R I C U P Z F R
W N O M O N O A X A
J Y B A N T E N G L
R C A R T Í L A G O
C A R R O Ñ E R O S

BANTENG          CARROÑEROS          CARTÍLAGO
CLIMA            CORAL               GARZA
MONO             OKAPI               ROBAR
SELVA            SOLITARIO           ZORROS

| | | | | | | | | | | |
|---|---|---|---|---|---|---|---|---|---|---|
| B | J | P | P | C | I | D | P | K | F |
| F | Y | X | A | H | U | P | Ó | N | G |
| N | V | E | T | I | E | M | P | O | N |
| Z | P | N | O | P | I | E | R | N | A |
| V | H | O | L | O | T | U | R | I | A |
| I | W | P | S | C | Á | N | I | D | O |
| O | I | U | W | A | L | A | R | Ó | B |
| B | E | S | I | M | A | M | U | T | N |
| Q | Q | Z | S | P | E | R | R | O | T |
| T | V | E | L | O | C | I | D | A | D |

CÁNIDO     HIPOCAMPO     HOLOTURIA

HUPÓN     MAMUT     PATO

PERRO     PIERNA     TIEMPO

VELOCIDAD     WALARÓ     XENOPUS

```
D  P  V  U  V  A  S  W  R  M
Ó  B  J  Y  K  V  V  O  I  R
C  A  C  H  A  L  O  T  E  L
I  L  S  F  Z  T  O  R  O  I
L  L  H  F  G  C  L  I  M  B
C  E  R  I  Z  O  N  T  Q  É
O  N  E  M  B  R  I  Ó  N  L
J  A  B  I  R  Ú  I  N  U  U
A  R  T  I  F  I  C  I  A  L
D  L  B  W  A  B  R  A  T  A
```

| ARTIFICIAL | BALLENA | CACHALOTE |
|---|---|---|
| CLIMB | DÓCIL | EMBRIÓN |
| ERIZO | JABIRÚ | LIBÉLULA |
| RATA | TORO | TRITÓN |

```
B N S N C Q X U J C
V Y W G F H L L I G
M T B U I T R E P E
A R Á C N I D O A S
N A P R E R A N N T
G Z O J B E C A D A
O S T R A M E D A C
U B R N U Ú D O S I
Z J O O X V Í X P Ó
X K S K U G A T O N
```

| | | |
|---|---|---|
| ACEDÍA | ARÁCNIDO | BECADA |
| BUITRE | EMÚ | GATO |
| GESTACIÓN | LEONADO | MANGO |
| OSTRA | PANDAS | POTROS |

```
R  M  N  C  O  M  E  R  L  C
V  A  V  I  S  P  A  H  B  O
V  N  J  E  S  T  A  B  L  E
N  D  B  N  U  T  R  I  A  N
P  R  T  T  Á  B  A  N  O  D
I  I  I  Í  O  D  O  Y  F  Ú
Y  L  M  F  K  J  D  Z  O  A
P  E  K  I  W  I  V  N  H  O
D  S  Y  C  O  Y  O  T  E  Y
C  I  G  O  R  U  G  A  G  T
```

| AVISPA | CIENTÍFICO | CIGO |
| --- | --- | --- |
| COENDÚ | COMER | COYOTE |
| ESTABLE | KIWI | MANDRILES |
| NUTRIA | ORUGA | TÁBANO |

```
M A M Í F E R O W P
E R M R F M W N U T
A A I C O R T E Z A
B Ñ G A M B A M M R
M A R S U P I A L E
X S A Q R J H T O A
V J R S E L L O C S
S A L A M A N D R A
O A O Z N É C O R A
G F E L I N O S E J
```

| ARAÑAS | CORTEZA | FELINOS |
|---|---|---|
| GAMBA | MAMÍFERO | MARSUPIAL |
| MIGRAR | NÉCORA | NEMATODOS |
| SALAMANDRA | SELLO | TAREAS |

```
H  G  Q  F  J  N  J  J  E  I
K  Q  U  E  T  Z  A  L  R  J
M  C  I  X  C  S  P  L  E  B
P  T  T  F  A  M  I  L  I  A
C  P  Ó  Z  Z  J  C  E  N  L
A  U  N  Z  A  H  U  M  A  L
V  E  N  A  D  O  L  U  O  E
A  Á  R  B  O  L  T  R  A  N
R  C  M  I  R  C  O  H  T  A
O  M  N  Í  V  O  R  O  S  S
```

| | | |
|---|---|---|
| APICULTOR | ÁRBOL | BALLENAS |
| CAVAR | CAZADOR | FAMILIA |
| LEMUR | OMNÍVOROS | QUETZAL |
| QUITÓN | REINA | VENADO |

| | | | | | | | | | | |
|---|---|---|---|---|---|---|---|---|---|---|
| E | S | T | Ó | M | A | G | O | M | G |
| K | E | L | W | O | Z | O | R | R | O |
| S | Q | E | C | R | H | R | B | S | R |
| H | G | V | O | U | C | R | E | U | I |
| L | N | A | N | G | U | I | L | A | L |
| D | R | D | E | A | L | Ó | L | V | A |
| U | D | U | J | S | T | N | O | E | S |
| J | V | R | O | L | U | J | T | V | C |
| F | A | A | O | I | R | M | A | X | G |
| X | H | S | G | U | A | R | I | D | A |

ANGUILA  BELLOTA  CONEJO

CULTURA  ESTÓMAGO  GORILAS

GORRIÓN  GUARIDA  LEVADURAS

ORUGAS  SUAVE  ZORRO

T A F E P W Q J B V
V C P E R E Z O S O
C U B P E N U A M A
L E X P A B E J A S
J R A F V K C L R E
A N É L I D O S A T
R O H W E A S Q B A
D S V E N E N O Ú S
Í N A U T Ó N O M O
N Q O P O T O Ñ O C

ABEJAS     ANÉLIDOS     AUTÓNOMO
CUERNOS     JARDÍN     MARABÚ
OTOÑO     PEREZOSO     SETAS
VENENO     VIENTO     ZUECOS

```
L I B E R T A D B C
W A L A B I L I G O
X Z E H O G A N A C
D Q W B N A C T N O
A E B U I T R E S D
J Q J R T O Á N O R
O T P R O S N D T I
V V R O G J U I K L
U F R U G Í V O R O
Q B R A N Q U I A S
```

ALACRÁN BONITO BRANQUIAS
BUITRES BURRO COCODRILOS
FRUGÍVORO GANSO GATOS
INTENDIO LIBERTAD WALABI

Puzzle #41

| | | | | | | | | | |
|---|---|---|---|---|---|---|---|---|---|
| O | D | P | J | C | C | J | D | C | T |
| U | I | M | K | I | V | C | T | B | P |
| N | F | A | M | S | C | A | I | I | G |
| V | E | R | A | N | O | M | B | S | A |
| B | R | I | F | E | I | E | U | O | R |
| D | E | N | F | S | P | L | R | N | R |
| Y | N | A | V | B | Ú | L | Ó | T | A |
| X | T | I | B | U | R | O | N | E | S |
| P | E | T | I | R | R | O | J | O | Z |
| E | S | C | A | R | A | B | A | J | O |

BISONTE     CAMELLO     CISNES

COIPÚ     DIFERENTES     ESCARABAJO

GARRAS     MARINA     PETIRROJO

TIBURÓN     TIBURONES     VERANO

Puzzle #42

```
C I S N E H P B O F
A R Á C N I D O S L
C E G E A P O R O I
H N O N V O M A D G
O A H T A P I N E X
R C K O J Ó N G C I
R U R L A T A U A T
O A I L C A N T G F
S J L O O M T Á U O
P O L E N O E N A N
```

ARÁCNIDOS          CACHORROS          CENTOLLO
CISNE              DOMINANTE          HIPOPÓTAMO
KRILL              NAVAJA             ORANGUTÁN
OSODE AGUA         POLEN              RENACUAJO

Puzzle #43

```
I  W  U  D  D  T  T  C  H  V
B  T  P  S  C  Z  F  X  I  X
I  F  A  I  S  Á  N  M  R  A
C  O  L  M  E  N  A  O  P  C
E  M  O  O  T  I  G  R  E  J
W  O  M  B  A  T  T  S  C  W
Z  N  A  M  D  F  Ó  A  E  Q
F  O  L  Í  V  O  R  O  S  N
W  S  O  V  Í  P  A  R  O  N
H  W  L  N  T  Z  X  O  L  E
```

| COLMENA | FAISÁN | FOLÍVOROS |
|---------|--------|-----------|
| IBICE | MONOS | MORSA |
| OVÍPARO | PALOMA | PECES |
| TIGRE | TÓRAX | WOMBAT |

| | | | | | | | | | | |
|---|---|---|---|---|---|---|---|---|---|---|
| H | G | X | B | B | A | L | C | E | P |
| G | A | V | I | A | L | Y | I | L | R |
| S | L | B | N | T | Q | I | G | V | O |
| K | I | M | O | F | E | T | A | I | T |
| U | M | F | C | E | O | R | L | T | E |
| Z | E | M | U | O | P | N | A | A | Í |
| N | N | P | L | U | M | A | S | M | N |
| B | T | B | A | C | T | E | R | I | A |
| J | A | T | R | A | G | Ó | N | N | V |
| B | R | A | T | O | N | E | S | A | W |

ALCE          ALIMENTAR          BACTERIA

BINOCULAR      CIGALA          GAVIAL

MOFETA         PLUMAS         PROTEÍNA

RATONES        TRAGÓN         VITAMINA

```
T E M P O R A D A Z
E P T O B J Q U A J
R E S C O R P I Ó N
R R B I G R U L L A
I I T L A R M I Ñ O
T Q S G V A C A S L
O U V A A X K O W Z
R I C A N G U R O T
I T A N T Í L O P E
O O A V E S T R U Z
```

ANTÍLOPE  ARMIÑO  AVESTRUZ
BOGAVANTE  CANGURO  ESCORPIÓN
GRULLA  PERIQUITO  POCILGA
TEMPORADA  TERRITORIO  VACAS

| P | D | E | S | C | A | N | S | O | L |
|---|---|---|---|---|---|---|---|---|---|
| R | R | Y | C | O | C | K | R | R | A |
| A | O | G | A | N | A | D | O | G | N |
| D | M | R | P | T | M | O | E | A | G |
| E | E | A | A | I | A | R | D | N | O |
| R | D | N | R | N | L | M | O | I | S |
| A | A | E | A | E | E | I | R | S | T |
| L | R | R | Z | N | Ó | R | E | M | I |
| I | I | O | Ó | T | N | K | S | O | N |
| O | O | Q | N | E | C | C | G | S | O |

CAMALEÓN     CAPARAZÓN     CONTINENTE

DESCANSO     DORMIR     DROMEDARIO

GANADO     GRANERO     LANGOSTINO

ORGANISMOS     PRADERA     ROEDORES

Puzzle #47

```
C A B D O M E N W B
A P Y L O A S Ó D O
A N F A M N Q M M F
I R A N A T U A I X
N I V G N A E D G C
O E I O A R L A R R
W N S S D R E L A J
F C P T A A T P N A
R I A A U Y O R T M
G A S S C A R N E K
```

ABDOMEN     APARIENCIA     AVISPAS
CANINO     CARNE     ESQUELETO
LANGOSTAS     MANADA     MANTARRAYA
MIGRANTE     NÓMADA     RANA

| T | V | B | D | H | Í | G | A | D | O |
|---|---|---|---|---|---|---|---|---|---|
| J | J | C | A | M | I | N | A | R | S | T |
| P | P | G | B | I | S | O | N | T | E | S |
| Q | U | R | R | A | C | A | R | T | Q |
| C | C | A | R | P | A | R | G | Ó | H | T |
| O | O | Y | I | T | I | H | S | P | K | I |
| L | L | A | A | N | G | E | L | O | T | E |
| A | A | B | Q | X | X | B | E | D | H | R |
| M | M | A | M | Í | F | E | R | O | S | R |
| C | C | A | B | A | L | L | O | S | P | A |

ANGELOTE     ARTRÓPODOS     BISONTES

CABALLOS     CAMINAR     CARPA

COLA     GUAYABA     HÍGADO

MAMÍFEROS     TIERRA     URRACA

```
C E F A L Ó P O D O D O
G P A E A Y E D E P
L O B O M A R I N O
L R A S P B D N D B
U C D O O E I V É L
V I E P L J Z I M A
I N J A L A P E I C
A O O R O R D R C I
U S T D S Ó L N O Ó
W H Y O X N S O A N
```

| ABADEJO | ABEJARÓN | CEFALÓPODO |
|---|---|---|
| ENDÉMICO | INVIERNO | LLUVIA |
| LOBOMARINO | OSOPARDO | PERDIZ |
| POBLACIÓN | POLLOS | PORCINOS |

```
L  L  U  I  J  T  C  M  S  C
U  G  V  V  J  R  A  I  A  R
C  U  T  C  G  E  R  G  L  T
I  E  C  O  C  I  E  R  V  O
É  P  Ó  D  H  N  N  A  A  R
R  A  N  O  A  A  Q  C  J  T
N  R  D  R  C  R  U  I  E  U
A  D  O  N  A  U  E  Ó  H  G
G  O  R  I  L  A  G  N  T  A
A  I  O  Z  S  G  K  L  V  N
```

| ARENQUE | CHACAL | CIERVO |
| CODORNIZ | CÓNDOR | GORILA |
| GUEPARDO | LUCIÉRNAGA | MIGRACIÓN |
| REINAR | SALVAJE | TORTUGA |

## Puzzle #1

```
P . . . . . . . G
E B O A . B E I R A
R Ú . . . . . . . C
I F R E S A . . . E
C A U D A L H . . L
O L . . P U L G A .
C O N Í F E R A S S
. . . F Ó S I L . L
. . S A B A N A . .
. . . . . . . . . .
```

## Puzzle #2

```
A B E J A R U C O
C E . A L U . O R
E N . G B I . C C
N G . U A S . O A
T A . A T E C D .
O L R R R Ñ R R .
R Í A . O O E I .
. . Y . S R S L .
L A G A R T O . .
C A S T O R A . .
```

## Puzzle #3

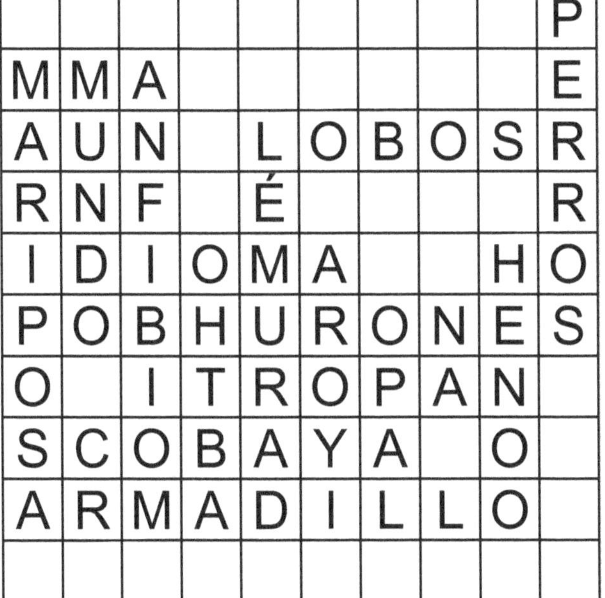

```
. . . . . . . . . P
M M A . . . . . E .
A U N . L O B O S R
R N F . É . . . R .
I D I O M A . . H O
P O B H U R O N E S
O . I T R O P A N .
S C O B A Y A . O .
A R M A D I L L O .
. . . . . . . . . .
```

## Puzzle #4

```
. P . H . . C . . .
. I G E . . O . . .
. N A R V A L C T .
. G L B . R O A O .
. Ü L Í F B N L R .
. I O V R Ó I A M .
. N . O U R A M E .
. O . R T E J Ó N .
Á C A R O A O . N T .
. . . S . A G U A .
```

## Puzzle #5

|   |   | F | R | U | T | A | S |   |
|---|---|---|---|---|---|---|---|---|
|   | T |   | Í |   | E | T |   |   |
|   | U |   | O | G | R | U | P | O |
|   | R |   |   | G | R | C | E |   |
|   | Q |   |   | R | I | Á | L |   |
| I | G | U | A | N | A | E | N | I |
|   | Í |   |   | N | R | A | C |   |
|   | A | M | E | D | U | S | A |   |
|   |   |   | E |   | N |   | N |   |
|   | C | U | E | R | V | O | O |   |

## Puzzle #6

|   |   |   | G |   |   | P |   |   |   |
| V | A | R | A | N | O | L |   |   |   |
|   | M | E | L | E | N | A |   | A |   |
|   | O |   | L |   | N |   | B |   |   |
| R | S |   | O | P | R | E | S | A |   |
| A | C |   | S |   |   | T |   | L |   |
| P | A | N | D | A | M | A | R | O |   |
| T | I | G | R | E | S | A |   | N |   |
| O | S | O |   |   |   |   | E |   |   |
| R |   |   |   |   |   |   |   |   |   |

## Puzzle #7

|   |   |   |   | W | E | T | A |   |
|   |   | P |   |   | C |   | B |   |
|   | P | R | O | T | O | Z | O | A |
|   | I | E | R | O | L |   | S | L |
| F | N | D | G | P | Ó |   | Q | E |
| A | Z | A | Á | O | G |   | U | T |
| E | Ó | T | N |   | I |   | E | A |
| T | N | O | I |   | C |   |   |   |
| Ó |   | R | C | R | O | C | A |   |
| A | N | F | I | O | X | O |   |   |

## Puzzle #8

| V | Í | B | O | R | A |   |   |   |   |
|   | E | S | C | U | E | R | Z | O |   |
| D | I | G | E | S | T | I | Ó | N |   |
| C | A | L | M | E | J | A | L |   |   |
| O | T | O | R | T | U | G | A | S |   |
| T |   | T |   |   |   | R | B |   |   |
| E | B | E | S | U | G | O | V | Ú |   |
| A |   | J | I | R | A | F | A | H |   |
|   | V | E | N | E | N | O | S | O |   |
|   |   |   |   |   |   |   | S |   |   |

## Puzzle #9

```
  A D A P T A D O
    I G E N O M A
    E   Q     Á B
    N   U C   G E
P A T A E A   U J
I R E   Ñ V   I A
C A     O E   L
O Ñ       R   A
H A L C O N E S
L E C H U Z A
```

## Puzzle #10

```
  P J
  W L E C H Ó N   O
A A R R L O B O V
R N B I       I   E
T T O C P E S O J
H A   K     B     A
O C I E M P I É S
G L O T Ó N T
M A N G O S T A
```

## Puzzle #11

```
P R I M A V E R A
P I E L E S     V
L   J L I E B R E
E L E F A N T E F
Ó   C E S T A   R
N P U L P O     Í
    T E R N E R A
M A R A B U N T A
N U T R I E N T E S
```

## Puzzle #12

```
            F
C A N A R I O
  A P   B G N
A B E J O R R O
R R S O Q A   Y
D A C V U N P E
I S A E I J O G
L   D N L A L U
L   O   L   L A
A   S P A T O S
```

## Puzzle #13

## Puzzle #14

## Puzzle #15

## Puzzle #16

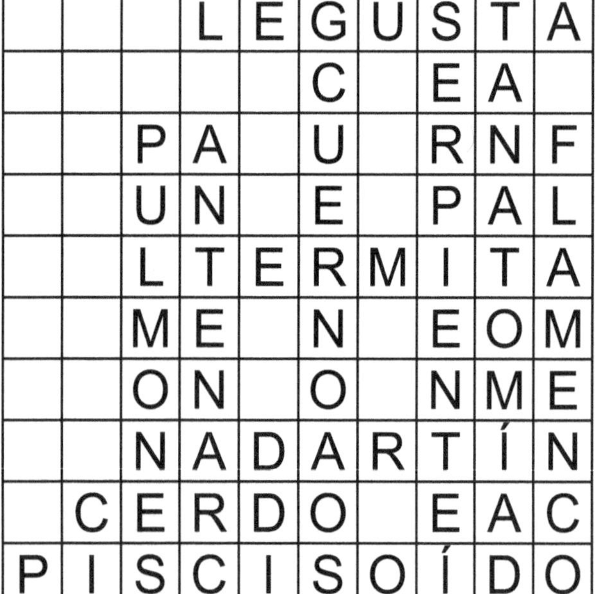

## Puzzle #17

| | | | | | | | | P | |
|---|---|---|---|---|---|---|---|---|---|
| | | | | | | | | Á | N |
| | L | O | R | O | P | I | O | J | O |
| D | E | L | F | I | N | E | S | A | C |
| | O | O | B | O | N | G | O | R | T |
| | P | M | | | H | O | P | O | U |
| | A | B | | | U | T | A | | R |
| | R | R | | | E | A | N | | N |
| | D | I | | | V | | D | | O |
| | O | Z | | F | O | C | A | | |

## Puzzle #18

| M | U | R | C | I | É | L | A | G | O |
|---|---|---|---|---|---|---|---|---|---|
| E | | O | M | A | R | M | O | T | A |
| J | | R | I | | | | | | |
| I | | C | E | T | Á | C | E | O | S |
| L | | U | L | | | H | | | |
| L | | A | | C | R | E | C | E | |
| Ó | | L | | | G | E | C | K | O |
| N | P | R | I | M | A | T | E | S | Z |
| | U | R | O | G | A | L | L | O | |
| | | | | | | H | | | O |

## Puzzle #19

| | H | | | | | | | | |
|---|---|---|---|---|---|---|---|---|---|
| M | O | N | T | A | Ñ | A | H | D | |
| O | J | T | W | | L | | O | O | |
| N | A | U | A | O | E | C | R | R | |
| T | P | N | P | C | O | O | M | S | |
| A | U | D | I | E | N | C | I | A | |
| Ñ | M | R | T | L | E | O | G | L | |
| A | A | A | Í | O | S | O | A | | |
| S | | | | T | | N | | | |

## Puzzle #20

| | | | | | | | | | |
|---|---|---|---|---|---|---|---|---|---|
| C | | | | D | | H | | | |
| A | B | A | J | O | N | I | E | V | E |
| R | A | S | | D | R | E | N | O | |
| A | B | T | | O | | N | | | |
| C | O | U | P | Á | J | A | R | O | S |
| O | S | C | A | N | G | R | E | J | O |
| L | A | I | V | I | V | I | R | | |
| | A | O | | | | | | | |

## Puzzle #21

| | | | | | | | | | |
|-|-|-|-|-|-|-|-|-|-|
| | | | | | | | | O | |
| | | | L | I | N | C | E | R | |
| T | R | U | C | H | A | E | V | I | |
| L | E | V | A | D | U | R | A | G | |
| V | I | C | U | Ñ | A | A | C | E | |
| | N | | K | A | G | U | A | N | G |
| C | A | R | N | Í | V | O | R | O | S |
| | D | | | | | | | S | |
| C | O | R | A | Z | Ó | N | | O | |
| | | | | | | | | S | |

## Puzzle #22

| | | | | | | | | | |
|-|-|-|-|-|-|-|-|-|-|
| | | | | | | | | | C |
| | | | P | B | G | | L | | H |
| C | O | M | A | A | O | | L | | R |
| | P | Á | N | C | R | E | A | S | Y |
| | I | G | T | A | R | | M | E | S |
| | R | U | A | L | I | L | A | R | A |
| | A | I | N | A | O | A | | I | L |
| | Ñ | L | O | O | N | B | | Z | I |
| | A | A | C | I | E | R | V | O | S |
| | | | | S | O | | | S | |

## Puzzle #23

| | | | | | | | | | |
|-|-|-|-|-|-|-|-|-|-|
| | M | E | | Ñ | H | | | | |
| M | O | S | Q | U | I | T | O | | |
| A | R | T | | E | | | | | P |
| P | D | A | G | A | L | L | I | N | A |
| A | I | N | | V | O | | C | I | P |
| C | D | Q | C | E | L | D | A | C | A |
| H | A | U | | T | | | I | H | G |
| E | | E | | O | | | M | O | A |
| | | | | R | | | Á | | Y |
| | | | | O | | | N | | O |
| | | | | | | | | | |

## Puzzle #24

| | | | | | | | | | |
|-|-|-|-|-|-|-|-|-|-|
| M | O | L | U | S | C | O | S | | |
| | | M | P | E | R | C | A | P | |
| | | E | | N | U | | | E | |
| | | D | | A | S | | | L | |
| | | I | | T | T | | T | Í | P |
| | | A | C | U | Á | T | I | C | O |
| | | R | | R | C | E | G | A | L |
| | | | Í | A | E | N | R | N | A |
| L | A | N | A | L | O | I | E | O | R |
| | | | | | S | A | S | | |
| | | | | | | | | | |

## Puzzle #25

| | | | | | | | | |
|---|---|---|---|---|---|---|---|---|
| C | O | M | A | D | R | E | J | A |
| R | A | T | Ó | N | | | C | |
| | C | | | | | | U | |
| S | A | | | | | K | E | |
| E | T | C | R | I | A | D | O | R |
| M | Ú | S | C | U | L | O | A | V |
| B | A | | | | E | L | O | |
| R | E | B | E | C | O | | A | S |
| A | L | P | A | C | A | | | |
| R | E | I | N | O | | | | |

## Puzzle #26

| | | | | | | | | |
|---|---|---|---|---|---|---|---|---|
| M | A | N | D | Í | B | U | L | A |
| A | | B | E | X | Ó | T | I | C | O |
| N | H | O | L | | H | | P | |
| D | I | V | E | R | S | I | D | A | D |
| R | E | I | F | | E | E | | N | |
| I | N | N | A | | P | R | | T | |
| L | A | O | N | | I | B | | E | |
| | S | | T | | A | A | | R | |
| | C | E | R | D | O | S | A | |
| | I | N | S | E | C | T | O | S |

## Puzzle #27

| | | | | | | | | |
|---|---|---|---|---|---|---|---|---|
| | | | | | | | | |
| | B | Í | P | E | D | O | S | S |
| | A | | I | B | E | B | É | U |
| | B | | G | E | S | Ú | | R |
| | U | E | M | R | I | H | | I |
| | I | S | E | R | E | O | | C |
| | N | T | N | E | R | A | Y | A |
| | O | E | T | N | T | | | T |
| | | P | O | D | O | | | A |
| | S | A | P | O | J | O | S | |

## Puzzle #28

| | | | | | | | | |
|---|---|---|---|---|---|---|---|---|
| L | A | M | A | S | | | P | |
| R | H | O | C | I | C | O | | P | E | C |
| O | | V | | | | | | L | A |
| E | R | I | Z | O | D | E | M | A | R |
| D | | M | A | N | A | T | Í | J | R |
| O | C | I | G | Ü | E | Ñ | A | E | E | R |
| R | P | E | R | I | P | A | T | O | R |
| C | O | N | E | J | O | S | | A |
| | | T | | | | | | |
| E | C | O | S | I | S | T | E | M | A |

Puzzle #29

| G | A | M | U | Z | A | P |   |   | H |
|   | N |   |   |   | Y | E | G | U | A |
|   | F |   |   |   | Z |   | N | L |   |
| C | I |   | P | E | L | A | G | I | C |
| E | B |   | N |   |   |   | D | Ó |   |
| B | I | O | T | O | P | O |   | O | N |
| R | O |   |   | R | É | M | O | R | A |
| A | S |   | M |   |   |   |   |   |   |
| B | E | R | M | E | J | U | E | L | A |
|   |   |   |   |   |   |   |   |   |   |

Puzzle #30

| M |   |   |   |   |   | P | O | N | Y |
| A | G | R | I | C | U | L | T | O | R |
| R |   |   |   |   | U |   |   |   |   |
| I |   | P |   | J |   | M |   |   |   |
| P |   | L | N | A | R | A | N | J | A |
| O | D | U |   | B | E | L | U | G | A |
| S | I | M | P | A | L | A |   |   |   |
| A | N | A | A | L | O | N | D | R | A |
| S | G | J |   | Í |   |   |   |   |   |
|   | O | E | J | E | C | U | T | E |   |

Puzzle #31

| Z | O | R | R | O | S | S |   |   |   |
|   |   |   | K |   | E |   |   |   |   |
|   |   |   | A |   | L | G |   |   |   |
|   |   | C | P |   | V | A |   | C |   |
| S | O | L | I | T | A | R | I | O |   |
|   | R | I |   |   | Z |   | R |   |   |
|   | O | M | O | N | O | A |   | A |   |
|   | B | A | N | T | E | N | G | L |   |
| C | A | R | T | Í | L | A | G | O |   |
| C | A | R | R | O | Ñ | E | R | O | S |

Puzzle #32

|   |   |   | P |   |   |   |   |   |   |
|   | X | A | H | U | P | Ó | N |   |   |
|   | E | T | I | E | M | P | O |   |   |
|   | N | O | P | I | E | R | N | A |   |
| H | O | L | O | T | U | R | I | A |   |
|   | P |   | C | Á | N | I | D | O |   |
|   | U | W | A | L | A | R | Ó |   |   |
|   | S |   | M | A | M | U | T |   |   |
|   |   |   | P | E | R | R | O |   |   |
| V | E | L | O | C | I | D | A | D |   |

## Puzzle #33

| D |   |   |   |   |   |   |   |   |   |
| Ó | B |   |   |   |   |   |   |   |   |
| C | A | C | H | A | L | O | T | E | L |
| I | L |   |   |   | T | O | R | O | I |
| L | L |   |   | C | L | I | M | B |   |
|   | E | R | I | Z | O |   | T |   | É |
|   | N | E | M | B | R | I | Ó | N | L |
| J | A | B | I | R | Ú |   | N |   | U |
| A | R | T | I | F | I | C | I | A | L |
|   |   |   |   |   |   | R | A | T | A |

## Puzzle #34

|   |   |   |   |   |   |   |   |   | L |   | G |
|   |   |   |   |   |   |   |   |   |   |   |   |
| M |   | B | U | I | T | R | E | P | E |   |   |
| A | R | Á | C | N | I | D | O | A | S |   |   |
| N |   | P |   |   | A | N | N | T |   |   |   |
| G |   | O |   | B | E | C | A | D | A |   |   |
| O | S | T | R | A | M | E | D | A | C |   |   |
|   |   | R |   |   | Ú | D | O | S | I |   |   |
|   |   | O |   |   |   | Í |   |   | Ó |   |   |
|   |   | S |   |   | G | A | T | O | N |   |   |

## Puzzle #35

|   | M |   | C | O | M | E | R |   | C |
|   | A | V | I | S | P | A |   |   | O |
|   | N |   | E | S | T | A | B | L | E |
|   | D |   | N | U | T | R | I | A | N |
|   | R |   | T | Á | B | A | N | O | D |
|   | I |   | Í |   |   |   |   |   | Ú |
|   | L |   | F |   |   |   |   |   |   |
|   | E | K | I | W | I |   |   |   |   |
|   | S |   | C | O | Y | O | T | E |   |
| C | I | G | O | R | U | G | A |   |   |

## Puzzle #36

| M | A | M | Í | F | E | R | O | N |   |   |
|   | R | M |   |   |   |   | N |   | T |
|   | A | I | C | O | R | T | E | Z | A |
|   | Ñ | G | A | M | B | A | M |   | R |
| M | A | R | S | U | P | I | A | L | E |
|   | S | A |   |   |   | T |   |   | A |
|   |   | R | S | E | L | L | O |   | S |
| S | A | L | A | M | A | N | D | R | A |
|   |   | N | É | C | O | R | A |   |   |
|   | F | E | L | I | N | O | S |   |   |

## Puzzle #37

```
. . Q . . . . . . .
. Q U E T Z A L R .
. . I . C . P . E B
. . T F A M I L I A
C . Ó . Z . C E N L
A . N . A . U M A L
V E N A D O L U . E
A Á R B O L T R . N
R . . . R . O . . A
O M N Í V O R O S S
```

## Puzzle #38

```
E S T Ó M A G O . G
. L . O Z O R R O .
. E C R . R B S R
. V O U C R E U I
. A N G U I L A L
. D E A L Ó L V A
. U J S T N O E S
. R O . U . T
. A . R . A
. S G U A R I D A
```

## Puzzle #39

```
. . . . . . . . . .
. C P E R E Z O S O
. U . . . U . M
. E . A B E J A S
J R . V . C . R E
A N É L I D O S A T
R O . . E . S . B A
D S V E N E N O Ú S
Í . A U T Ó N O M O
N . . . O T O Ñ O
```

## Puzzle #40

```
L I B E R T A D . C
W A L A B I L I G O
. . O G A N A C . C
. . B N A C T N O
. . B U I T R E S D
. . R T O Á N O R
. . R O S N D . I
. . O . . . I . L
. F R U G Í V O R O
B R A N Q U I A S
```

## Puzzle #41

```
  D     C
  I M   I   C T B
  F A   S C A I I G
V E R A N O M B S A
  R I   E I E U O R
  E N   S P L R N R
  N A     Ú L Ó T A
  T I B U R O N E S
P E T I R R O J O
E S C A R A B A J O
```

## Puzzle #42

```
C I S N E H       O
A R Á C N I D O S
C E     E A P O R O
H N     N V O M A D
O A     T A P I N E
R C K O J Ó N G
R U R L A T A U A
O A I L   A N T G
S J L O   M T Á U
P O L E N O E N A
```

## Puzzle #43

```
I
B   P
I F A I S Á N M
C O L M E N A O P
E M O   T I G R E
W O M B A T T S C
  N A       Ó A E
F O L Í V O R O S
  S O V Í P A R O
            X
```

## Puzzle #44

```
      B   A L C E P
G A V I A L   I   R
  L     N     G V O
  I M O F E T A I T
  M   C       L T E
  E   U       A A Í
  N P L U M A S M N
  T B A C T E R I A
  A T R A G Ó N N
  R A T O N E S A
```

## Puzzle #45

| T | E | M | P | O | R | A | D | A |   |
|---|---|---|---|---|---|---|---|---|---|
| E | P |   | O | B |   |   |   |   |   |
| R | E | S | C | O | R | P | I | Ó | N |
| R | R |   | I | G | R | U | L | L | A |
| I | I |   | L | A | R | M | I | Ñ | O |
| T | Q |   | G | V | A | C | A | S |   |
| O | U |   | A | A |   |   |   |   |   |
| R | I | C | A | N | G | U | R | O |   |
| I | T | A | N | T | Í | L | O | P | E |
| O | O | A | V | E | S | T | R | U | Z |

## Puzzle #46

| P | D | E | S | C | A | N | S | O | L |
|---|---|---|---|---|---|---|---|---|---|
| R | R |   | C | O | C |   | R | R | A |
| A | O | G | A | N | A | D | O | G | N |
| D | M | R | P | T | M | O | E | A | G |
| E | E | A | A | I | A | R | D | N | O |
| R | D | N | R | N | L | M | O | I | S |
| A | A | E | A | E | E | I | R | S | T |
|   | R | R | Z | N | Ó | R | E | M | I |
|   | I | O | Ó | T | N |   | S | O | N |
|   | O |   | N | E |   |   |   | S | O |

## Puzzle #47

| C | A | B | D | O | M | E | N |   |   |
|---|---|---|---|---|---|---|---|---|---|
| A | P |   | L |   | A | S | Ó |   |   |
| N | A |   | A | M | N | Q | M | M |   |
| I | R | A | N | A | T | U | A | I |   |
| N | I | V | G | N | A | E | D | G |   |
| O | E | I | O | A | R | L | A | R |   |
|   | N | S | S | D | R | E |   | A |   |
|   | C | P | T | A | A | T |   | N |   |
|   | I | A | A |   | Y | O |   | T |   |
|   | A | S | S | C | A | R | N | E |   |

## Puzzle #48

|   |   |   |   | H | Í | G | A | D | O |   |
|---|---|---|---|---|---|---|---|---|---|---|
|   | C | A | M | I | N | A | R |   |   |   |
|   | G | B | I | S | O | N | T | E | S |   |
|   | U | R | R | A | C | A | R |   |   |   |
| C | A | R | P | A |   |   | Ó |   |   | T |
| O | Y |   |   |   |   | P |   |   |   | I |
| L | A | A | N | G | E | L | O | T | E | E |
| A | B |   |   |   |   | D |   |   |   | R |
| M | A | M | Í | F | E | R | O | S | R | R |
| C | A | B | A | L | L | O | S |   | A |   |

Puzzle #49

| C | E | F | A | L | Ó | P | O | D | O |
|   | P | A |   |   |   | E |   | E | P |
| L | O | B | O | M | A | R | I | N | O |
| L | R | A | S | P | B | D | N | D | B |
| U | C | D | O | O | E | I | V | É | L |
| V | I | E | P | L | J | Z | I | M | A |
| I | N | J | A | L | A |   | E | I | C |
| A | O | O | R | O | R |   | R | C | I |
|   | S |   | D | S | Ó |   | N | O | Ó |
|   |   | O |   | N |   |   | O |   | N |

Puzzle #50

| L |   |   |   |   |   |   |   | M | S |   |
| U | G |   |   |   | R | A | I | A |   |   |
| C | U |   | C |   | E | R | G | L | T |   |
| I | E | C | O | C | I | E | R | V | O |   |
| É | P | Ó | D | H | N | N | A | A | R |   |
| R | A | N | O | A | A | Q | C | J | T |   |
| N | R | D | R | C | R | U | I | E | U |   |
| A | D | O | N | A |   | E | Ó |   | G |   |
| G | O | R | I | L | A |   | N |   | A |   |
| A |   |   | Z |   |   |   |   |   |   |   |

Esperamos que haya disfrutado de este libro de actividades.


Si es así, déjenos un comentario en nuestra página de productos.


¡Muchas gracias!

www.ingramcontent.com/pod-product-compliance
Lightning Source LLC
Chambersburg PA
CBHW081956160726
47999CB00008B/2641